www.ingramcontent.com/pod-product-compliance
Lightning Source LLC
LaVergne TN
LVHW011949070526
838202LV00054B/4852
* 9 7 8 8 1 9 6 0 0 5 5 3 5 *

مجاز کے لطیفے

مرتب:

احمد جمال پاشا

© Taemeer Publications

Majaz ke Lateefay
Editor: Ahmed Jamal Pasha
Edition: December '2022
Publisher & Printer:
Taemeer Publications, Hyderabad.

ISBN 978-81-960055-3-5

9 788196 005535

مصنف یا ناشر کی پیشگی اجازت کے بغیر اس کتاب کا کوئی بھی حصہ کسی بھی شکل میں بشمول ویب سائٹ پر اَپ لوڈنگ کے لیے استعمال نہ کیا جائے۔ نیز اس کتاب پر کسی بھی قسم کے تنازع کو نمٹانے کا اختیار صرف حیدرآباد (تلنگانہ) کی عدلیہ کو ہوگا۔

© تعمیر پبلی کیشنز

کتاب	:	**مجاز کے لطیفے**
مرتب	:	**احمد جمال پاشا**
صنف	:	طنز و مزاح
ناشر	:	تعمیر پبلی کیشنز (حیدرآباد، انڈیا)
زیر اہتمام	:	تعمیر ویب ڈیولپمنٹ، حیدرآباد
ترتیب / تہذیب	:	مکرم نیاز
سالِ اشاعت	:	۲۰۲۲ء
تعداد	:	(پرنٹ آن ڈیمانڈ)
طابع	:	تعمیر پبلی کیشنز، حیدرآباد – ۲۴
صفحات	:	۱۴۴
سرورق ڈیزائن	:	مکرم نیاز

انتساب

ساجد بھائی کے نام

لیکن مجازؔ اس طرح انتساب کرتے تھے۔۔۔

مجازؔ نے اپنے مجموعے کے دوسرے ایڈیشن کے لیے فیضؔ سے دیباچہ منگوایا تھا، جس کے آنے میں دیر ہوئی اور مجموعہ چھپنے کے لیے پریس جانے لگا تو مجازؔ نے اس طرح انتساب کیا:

"فیضؔ کے دیباچہ کے نام"

فہرست

الف	ابتدائیہ (مکرم نیاز)	11	۱۵	بے روز گاری	31
ب	تعارف (فراق گورکھپوری)	13	۱۶	گریباں و چاک گریباں	32
ج	پیش لفظ (سید احتشام حسین)	14	۱۷	چالیسواں	33
د	مجاز کے لطیفے (مرتب)	15	۱۸	شاعری کا چالیسواں	34
۱	لباسِ مجاز	17	۱۹	ترجمہ	35
۲	صحیح تعارف	18	۲۰	ترجمہ در ترجمہ	36
۳	تخلص	19	۲۱	فارن کنٹری	37
۴	آغاز	20	۲۲	فراخدلی	38
۵	ادا	21	۲۳	فارغ البالی	39
۶	مصرع طرح	22	۲۴	دیدار انقلاب	40
۷	آرٹ فار آرٹ سیک	23	۲۵	خدمت	41
۸	فکرِ شاعر	24	۲۶	فن	42
۹	فنون لطیفہ	25	۲۷	قاعدہ	43
۱۰	زبان کا شعر	26	۲۸	ماہر	44
۱۱	مقصد حیات	27	۲۹	پانی بنانا	45
۱۲	جمود و وجود	28	۳۰	تشریح	46
۱۳	مراتب و مدارج	29	۳۱	تحقیق	47
۱۴	خورد و بزرگ	30	۳۲	آٹو گراف	48

66	روم پارٹنر	۵۰	49	لفظی گرفت	۳۳
67	آرام کرسی	۵۱	50	پارٹی لائن	۳۴
68	تفتیش	۵۲	51	احتیاط	۳۵
69	ہوئے تم دوست جس کے	۵۳	52	عقل	۳۶
70	اولنا و آخرنا	۵۴	53	سمجھ	۳۷
71	وضو	۵۵	54	قابلیت	۳۸
72	لطیفہ در لطیفہ	۵۶	55	مردم شناسی	۳۹
73	ایک دعا	۵۷	56	زاویۂ فکر	۴۰
74	شاعر بے دام	۵۸	57	وضاحت	۴۱
75	آمد و آورد	۵۹	58	عظمت کی گاڑی	۴۲
76	دونوں	۶۰	59	مجبوری	۴۳
77	تنگ قافیہ	۶۱	60	ردعمل	۴۴
78	عشق اور پوشیدہ	۶۲	61	بٹوارہ	۴۵
79	شدید محبت	۶۳	62	دوسرا پاگل خانہ	۴۶
80	ترچھی نظر	۶۴	63	حرام و حلال	۴۷
81	تلاش گمشدہ	۶۵	64	حماقتیں	۴۸
82	نقش فریادی	۶۶	65	سعادت مندی	۴۹

100	مذاق	۸۴	83	سرخ سفید	۷۶
101	پراکسی	۸۵	84	لب لعلیں نگار	۷۸
102	سورما	۸۶	85	مہتاب	۷۹
103	روحِ اقبال	۸۷	86	تقریب	۸۰
104	جوش ملیح آبادی	۸۸	87	بیوی کی باتیں	۷۱
105	حیات اللہ انصاری	۸۹	88	مڈوائف	۷۲
106	پروفیسر آل احمد سرور	۹۰	89	آوارہ	۷۳
107	شہاب جعفری	۹۱	90	بیوہ	۷۴
108	ماہر القادری	۹۲	91	سوتیلی ماں	۷۵
109	گڑبڑ کمال پاشا	۹۳	92	چار سو روپے	۷۶
110	ہزار لکھنوی	۹۴	93	شراب اور گھڑی	۷۷
111	سردار جی	۹۵	94	کباب	۷۸
112	حسن شہیر	۹۶	95	مربہ	۷۹
113	وہی وہانوی	۹۷	96	ہماشما	۸۰
114	بن غازی	۹۸	97	گردش	۸۱
115	ابوالہول	۹۹	98	ناروے	۸۲
116	لاہور	۱۰۰	99	آنا یا جانا	۸۳

131	چوکیدار	۱۱۵	117	کوریا	۱۰۱	
132	فری وہیل	۱۱۶	118	پیسہ اور پر چھائیں	۱۰۲	
133	سینہ انقلاب	۱۱۷	119	کام کی بات	۱۰۳	
134	بکاؤ مال	۱۱۸	120	جھٹکا	۱۰۴	
135	آم و عوام	۱۱۹	121	ڈرائی	۱۰۵	
136	پوسٹ کارڈ	۱۲۰	122	دفتر بے معنی	۱۰۶	
137	ڈکشن اور ڈکشنری	۱۲۱	123	کالونی	۱۰۷	
138	شاہیں بچہ	۱۲۲	124	ایڈیٹوریل	۱۰۸	
139	کیوں؟	۱۲۳	125	نیشنل لیڈر	۱۰۹	
140	اردو سے اردو	۱۲۴	126	قد آدم	۱۱۰	
141	بلڈ بینک	۱۲۵	127	عرش معلّٰی	۱۱۱	
142	گھر جانے کا سبب	۱۲۶	128	کٹ پیس	۱۱۲	
143	گھڑی ساز	۱۲۷	129	چالو رہی	۱۱۳	
			130	عموماً خصوصاً	۱۱۴	

ابتدائیہ

مکرم نیاز

مجازؔ لکھنوی ذہانت کے بلند ترین معیار پر قائم ایسے ممتاز شاعر رہے ہیں جن کے فن اور شخصیت کے نقوش اردو زبان، اردو شاعری، ترقی پسند تحریک اور علی گڈھ مسلم یونیورسٹی سے آج تک بھی معدوم نہیں ہو سکے ہیں۔

اتر پردیش کے ضلع بارہ بنکی میں پیدا ہوئے اسرار الحق جب حصول تعلیم لیے لکھنؤ پہنچے تو وہاں کی شعر وادب کی سرزمین اور تہذیب سے اس قدر متاثر ہوئے کہ اپنے تخلص میں لکھنؤ کو جوڑ لیا اور اسرار الحق مجاز سے زیادہ "مجاز لکھنوی" کے نام سے مشہور و مقبول ہو گئے۔

عام فہم زبان، عصرِ حاضر کے خیالات کی عکاسی اور خالص دیانت داری ان کی شاعری کی مقبولیت کی بنیادی وجوہات باور کی جاتی ہیں۔ علاوہ ازیں مجاز نے سرمایہ دارانہ نظام کی جس طرح مذمت کی ہے اس طرز کی کوئی بہتر مثال اردو ادب میں نہیں ملتی ہے۔ کہا جاتا ہے کہ مجاز کی مشہور نظم "آوارہ" (اک محل کی آڑ سے نکلا وہ پیلا ماہتاب / جیسے ملا کا عمامہ جیسے بنیے کی کتاب / جیسے مفلس کی جوانی جیسے بیوہ کا شباب / اے غم دل کیا کروں اے وحشت دل کیا کروں) ہی وہ معرکۃ الآرا نظم ہے جس کی بنا پر ساحر لدھیانوی اپنی یادگار نظم "یہ محلوں یہ تختوں یہ تاجوں کی دنیا" (یہ محلوں یہ تختوں یہ تاجوں کی دنیا / یہ انساں کے دشمن سماجوں کی دنیا / یہ دولت کے بھوکے رواجوں کی دنیا / یہ دنیا اگر مل بھی جائے تو کیا ہے) کہنے پر مجبور ہوئے۔

شاعری کے علاوہ مجاز اپنی حاضر جوابی اور بذلہ سنجی کے لیے بھی خاصے مشہور رہے ہیں۔ باتوں ہی باتوں میں وہ ایسے غیر معمولی شگوفے چھوڑتے کہ لوگ لطف اندوز بھی ہوتے اور ماحول بھی خوش گوار ہو جاتا۔ لطائف کے حوالے سے وہ اس قدر معروف ہوئے کہ ایک بار کسی ادیب نے کہا: "مجاز صاحب! ادھر آپ نے شعروں سے زیادہ لطیفے کہنے شروع کر دیے ہیں۔"

مجاز نے جواباً کہا: "تو اس میں گھبرانے کی کیا بات ہے؟"

اور وہ ادیب مجاز کی اس بات پر واقعی گھبراتے ہوئے کہنے لگا: "اس کا مطلب یہ ہوگا کہ جب کسی مشاعرے میں آپ شعر سنانے کے لیے کھڑے ہوں گے تو لوگ کہیں گے، شعر نہیں اپنے لطیفے سنائیے۔"

"تو میں ان سے کہوں گا۔۔۔" مجاز نے نہایت صفائی اور سادگی سے کہا: "کہ شاعری بھی تو فنونِ لطیفہ میں سے ہے۔"

ممتاز مزاح نگار اور ادیب احمد جمال پاشا نے مجاز کے انہی لطائف اور زعفران زار باتوں کو ایک مجموعہ کی شکل میں پیش کیا ہے جو پہلی مرتبہ ۱۹۶۶ء میں شائع ہوا تھا۔ تعمیر پبلی کیشنز (حیدرآباد) کی جانب سے یہی کتاب بطور جدید ایڈیشن پیش خدمت ہے۔

۵/دسمبر ۲۰۲۲ء

حیدرآباد دکن (انڈیا)

تعارف

فراق گورکھپوری

مجاز سے میری پہلی ملاقات سبط حسن، سردار جعفری اور دوسرے دوستوں کی معیت میں ہوئی۔ ان کی شخصیت میں غیر معمولی بانکپن اور دلکشی تھی، ہم لوگ بہت جلد ایک دوسرے کے بے تکلف دوست بن گئے۔ عموماً شاعروں کے پاس شاعری کے سوا کچھ نہیں ہوتا۔ لیکن مجاز کی صحبتوں اور باتوں میں ایسا معلوم ہوتا تھا کہ ایک ایسی خاموش آتش بازی چھوٹتی چلی جارہی ہے جو کبھی ختم نہیں ہوگی۔ اس شخص کی باتیں مسلسل ذہنی گدگدی تھیں۔

آیئے ہم آپ کو مجاز کی وہ باتیں دہرائیں جو ہم سب کو ہنستے ہنستے لٹا دیتی تھیں اور آج جن کی یاد ہمارا جی بہلاتی ہے۔

مجاز کی حاضر جوابی وبذلہ سنجی فطرت کی غیر معمولی دین تھی۔ بالارادہ وہ بڑے پتے کی بات کر جاتے تھے۔ ان کی باتوں میں بامعنی خموشی کے عناصر سموئے ہوئے ہوتے تھے۔ وہ پوری زندگی کو ایک لطیفہ سمجھتے تھے۔ جس میں وہ ایک بان کی طرح چھوٹے اور فضا کی بلندیوں میں پھول سی جگمگاتی ہوئی چنگاریاں بکھیر کر چشم زدن میں بجھ گئے۔ لیکن یہ چنگاریاں ان لطائف کی صورت میں ہمیشہ کے لیے محفوظ ہوگئیں، جن کے لیے ہمیں احمد جمال پاشا صاحب کا شکریہ ادا کرنا چاہیے۔

☆☆☆

پیش لفظ

سید احتشام حسین

(صدر شعبۂ اردو، الہ آباد یونیورسٹی، الہ آباد)

جس زمانے میں بے فکری شباب پر تھی، مجاز کہیں جانا چاہتے تھے اور کہیں پہنچ جاتے تھے۔ جس کے ساتھ چاہتے ٹھہر جاتے۔ ایک بار کئی دن بعد ایک سفر سے واپس آئے، میں نے پوچھا: مجاز! بھئی کہاں گئے تھے؟

کہنے لگے: دہلی سے آ رہا تھا، گاڑی میں ایک بارات سفر کر رہی تھی، ہندو شرفاء معلوم ہوتے تھے، میں بھی ساتھ ہو لیا۔ تھوڑی دیر میں بے تکلفی ہو گئی۔ میری باتوں سے وہ لوگ بہت خوش ہوئے، کہنے لگے: یار، بڑا "بہاریہ" آدمی ہے۔ مجھے چھوڑتے ہی نہ تھے، تین چار دن انہیں لوگوں کے ساتھ رہا۔۔۔

تو واقعی مجاز بہاریہ آدمی تھے۔ ذہین طباع، ایجاد پسند اور یار باش۔ یہ چند لطیفے اسی مجاز کے ہیں، جنہیں مزاح نگار احمد جمال پاشا نے خوش مذاقی کے ساتھ اکٹھا کر دیا ہے۔

☆☆☆

مجاز کے لطیفے

احمد جمال پاشا

مجاز کی ہر بات ایک لطیفہ ہوتی تھی۔
بات میں بات پیدا کرنے اور بڑی سے بڑی بات چٹکیوں میں اڑا دینے میں مرحوم اپنا ثانی نہ رکھتے تھے۔ یہ لطائف انہی بذلہ سنجیوں کی یادگار ہیں۔
مجاز کی زعفران زار شخصیت کی جھلک آپ کو ان لطائف میں مل جائے گی جو ان کے نام سے منسوب ہیں یا منسوب کیے گئے ہیں۔ ان ہی میں یقیناً وہ مشہور و معروف لطائف بھی ہوں گے جو ان کے بعد کی دریافت ہیں۔ اور ایسے لطیفے بھی ہیں جن کے بارے میں خود مجھے بھی شبہ ہے یا جن کے بارے میں زیادہ سے زیادہ یہ عرض کیا جا سکتا ہے۔
"دروغ بر گردن راوی!"
کم از کم یہ میرے گڑھے ہوئے نہیں ہیں!!
جن لطائف کی میں نے مرحوم سے ذاتی طور پر تصدیق بھی کر لی تھی ان کی صداقت کی بھی سو فیصدی گارنٹی نہیں۔ ان لطیفوں کو جمع کرنے کے سلسلے میں جن حضرات اور خواتین نے مجھے مدد دی، ان میں ساجد صدیقی اور والی آسی صاحبان کے علاوہ سب کا رسمی شکریہ ادا کرتا ہوں اور جن کتابوں، رسالوں اور اخباروں سے میں نے مجاز کے لطیفے لیے ہیں، ان کا تہ دل سے شکر گزار ہوں۔

★★★

مجاز کے لطیفے

مرتب : احمد جمال پاشا

لباسِ مجاز

کسی نے ایک بار مجاز کے سامنے اقبال کا یہ مصرعہ پڑھا۔ ع

کبھی اے حقیقتِ منتظر نظر آ لباسِ مجاز میں

مجاز بولے۔

"ہاں بھئی افسوس تو یہی ہے۔ جب حقیقت منتظر لباسِ مجاز میں نظر آئی تو کوئی پہچاننے والا ہی نہیں۔"

صحیح تعارف

راولپنڈی کے ایک مشاعرے میں مجاز اور عدم دونوں شریک تھے۔ دو دن تک ساتھ رہا اور دونوں ایک دوسرے کے بارے میں سمجھے کہ یہ بھی شراب نوشی ترک کر چکے ہیں۔ دونوں لاہور گئے۔ وہاں مجاز کی مے نوشی کا انتظام ہوا۔ عین موقع پر عدم بھی آگئے۔ مجاز نے بے ساختہ عدم سے کہا۔

" اسرار الحق، عبدالحمید سے راولپنڈی میں ملا تھا۔ اب مجاز، عدم سے لاہور میں مل رہا ہے۔ آؤ بیٹھو ہو جائیں دو دو ہاتھ"

تخلص

مجاز بمبئی میں تھے۔ کسی مارواڑی سیٹھ نے جو مجاز سے غائبانہ عقیدت رکھتا تھا۔ مجاز سے ملاقات کی اور چلتے وقت بڑے تکلف کے ساتھ پوچھا۔

"مجاز صاحب، معاف کیجیے گا کیا میں آپ کا تخلص پوچھ سکتا ہوں؟"

مجاز نے گردن جھکا کر چپکے سے کہا۔

اسرار الحق

آغاز

ایک بار مجاز علی گڑھ مسلم یونیورسٹی میں ایک ہاسٹل کے کمرے میں شراب پیتے پکڑے گئے۔ کچھ ثقہ قسم کے طلبا نے ان کی شراب نوشی پر شدید نکتہ چینی کرتے ہوئے اُن سے خالص عربی لہجہ میں پوچھا۔

"آپ کی اِس مذموم عادت کا آغاز کہاں ہوا؟"

"مسلم یونیورسٹی علی گڑھ میں۔"

مجاز نے انتہائی سادگی سے جواب دیا۔

آدا

رات کا وقت تھا۔ مجاز کسی مے خانے سے نکل کر یونیورسٹی روڈ پر ترنگ میں جھومتے ہوئے چلے جا رہے تھے اسی اثنا میں ادھر سے ایک تانگہ گذرا۔

مجاز نے اسے آواز دی۔ تانگہ رُک گیا۔

آپ اُس کے قریب آئے اور لہرا کر بولے۔

"اماں صدر جاؤ گے۔؟"

"ہاں جاؤں گا۔"

"اچھا تو جاؤ۔!" کہہ کر مجاز لڑھکتے ہوئے آگے بڑھ گئے۔

مصرعۂ طرح

ایک ادبی جلسے میں میرا جی اپنی ایک نظم پڑھ رہے تھے،
دو صفحے پڑھ گئے۔ پھر تیسرا صفحہ بھی ختم ہو گیا اور چوتھا بھی۔
میرا جی نے اپنی زرد آنکھیں کھول کر سنجیدگی سے فرمایا۔
" یہ نظم کا مصرعہ تھا۔"
مجاز نے فوراً مشورہ دیا۔
" تو اسے کسی مشاعرے کی طرح کے لئے کیوں نہ دے
دیجئے!"

آرٹ فار آرٹ سیک

ایک بار احتشام صاحب کسی کام سے ریڈیو اسٹیشن گئے وہاں مجاز بھی بیٹھے ہوئے تھے اِدھر اُدھر کی باتوں کے بعد احتشام صاحب نے پوچھا۔

"مجاز تم یہاں کیسے آ گئے؟"

(اِس زمانے میں اِن پر ریڈیو والوں کا عتاب نازل تھا۔)

مجاز بہت سوکھا منہ بنا کر بولے۔

"میں تو یہاں آرٹ فار آرٹ سیک آجاتا ہوں"

فکرِ شاعر

ایک بار کسی دعوت میں جذبی دسترخوان پر سے اُٹھنے کا نام ہی نہ لیتے تھے۔ اور بیٹھے بیٹھے دہی کا رائیتہ پیے جا رہے تھے مجاز نے کہا۔

"اماں اٹھو بھی!" جذبی نے جواب دیا۔

ع:۔ ایک دو گھونٹ ذرا رائیتہ پی لوں تو چلوں

مجاز مسکرائے اور بولے۔

اماں اگر یہی بات اختر شیرانی ہوتا تو یوں کہتا:۔

ع:۔ رائیتہ جو رخِ سلمیٰ پہ بکھر جاتا ہے

اور اگر علامہ اقبال ہوتے تو اس طرح کہتے:۔

ع:۔ حیف شاہیں رائیتہ پینے لگا

اگر میر ہوتے تو یوں کہتے:۔

ع:۔ ابھی ٹک رائیتہ پی سو گیا ہے

اور فراق کہتے تو یوں کہتے:۔

ع:۔ ٹپک رہا ہے ان آنکھوں سے رائیتہ کم کم

فنونِ لطیفہ

ایک بار کسی ادیب نے کہا۔

" مجاز صاحب ! آپ نے شعروں سے زیادہ لطیفے کہنے شروع کر دیئے ہیں۔

مجاز نے " تو اس میں گھبرانے کی کیا بات ہے۔؟"

وہ صاحب بولے۔

" تو اس کا تو مطلب یہ ہوا کہ مشاعرہ میں لوگ آپ سے فرمائش کیا کریں گے کہ اپنے نئے لطیفے سنائیے!"

مجاز نے کہا۔

" اور میں اُن سے کہوں گا۔ شاعری بھی فنونِ لطیفہ میں سے ہے "

زبان کا شعر

ایک مشاعرہ میں حضرت نوح ناروی مرحوم اپنا کلام سنا رہے تھے۔اتفاق سے شعر پڑھنے کے دوران اُن کے دانتوں کی مصنوعی بتیسی گر پڑی۔

مجاز نے کچھ توقف کے بعد کہا۔

"غور سے سنیئے حضرات قبلہ نوح صاحب کا یہ شعر خالص زبان کا شعر ہے۔"

مقصدِ حیات

دو طالب علم مجاز کو شراب خانے لے گئے۔ شراب کا دور شروع کرنے سے قبل اُن میں سے ایک صاحب نے بڑی سنجیدگی سے پوچھا۔

"مجاز صاحب! کیا آپ نے کبھی یہ بھی سوچا کہ زندگی کا مقصد کیا ہے؟"

مجاز نے اطمینان سے جواب دیا۔

"مقصد یہ ہے کہ جہاں سے آپ کی زندگی کا مقصد ختم ہوتا ہے وہاں سے میری زندگی کا مقصد شروع ہوتا ہے"

یہ کہکر انہوں نے جام اٹھایا اور ہونٹوں سے لگا لیا۔

جمود و وجود

ریڈیو پر ایک بار "اردو ادب میں جمود" کے عنوان سے مباحثہ کا سلسلہ شروع ہونے والا تھا۔ جس میں مجازؔ کو بھی شرکت کرنا تھی، اس بحث کی کاغذی تیاری اور معاہدہ پر دستخط وغیرہ کے سلسلے میں عادت کے خلاف انہیں کئی بار ریڈیو اسٹیشن کے چکر لگانے پڑے۔ آخر صبر نہ ہو سکا تو ایک دن پروگرام ایکزیکیوٹو سے بگڑ گئے اور بولے۔

"اجی حضرت! اس جمود کے چکر میں تو اب اپنا وجود بھی خطرے میں پڑ گیا ہے"۔

مراتب و مدارج

مجاز کے گہرے دوست سلام مچھلی شہری کے بارے میں مختلف احباب اپنی رائے دے رہے تھے۔

اچل سنگھ بولے۔

"سلام کا کیا کہنا وہ تو انتہائی بور آدمی ہے۔"

"بور!"

مجاز چونک اُٹھے۔

"بھائی، سلام نہ بور ہے، نہ ڈبل بور، نہ بارہ بور بلکہ وہ تو آغا خان کی طرح بوروں کا خدا ہے۔"

خورد و بزرگ

ایک بار جوشؔ، فراقؔ، مجازؔ اور ان کے ایک دمساز۔
مے نوشی کے دوران اپنی اپنی عمریں بتا رہے تھے۔
جوشؔ نے کہا۔
"میری عمر ابھی صرف پچیس سال ہے۔"
"اور میری عمر ابھی صرف بیس سال ہے۔"
فراقؔ نے جواب دیا۔
دمساز نے جھومتے ہوئے کہا۔ "میرا ابھی چودھا پندرہ کا سن، جوانی کی راتیں مرادوں کے دن۔" مجازؔ یہ سنکر دل ہی دل میں کڑھ رہے تھے۔ اُن سے پوچھا گیا تو جل کر بولے۔
"آپ لوگوں کی عمروں کے حساب سے تو خاکسار ابھی پیدا بھی نہیں ہوا۔"

بے روزگاری

مجاز کی بہن حمیدہ نے جب ایم۔اے پاس کیا تو ان کا بحیثیت لیکچرر کرامت حسین مسلم گرلس کالج میں تقرر ہو گیا۔ جب مجاز نے یہ خبر سنی تو اپنی والدہ کے پاس گئے اور ان سے کہا۔

"اور تو سب ہو گئے اماں۔۔۔بس اب گھر میں ہم اور تم صرف دو ہی آدمی بے روزگار رہ گئے"

گریباں و چاک گریباں

عصمت چغتائی جب بمبئی سے لکھنؤ کے لئے روانہ ہونے لگیں تو شاہد لطیف (ان کے شوہر) نے کہا۔

"عصمت! تم لکھنؤ سے میرے لئے دو چیزیں لانا مت بھولنا ایک تو کرتے اور دوسرے مجاز"

عصمت لکھنؤ میں مجاز سے ملیں تو شاہد لطیف کی فرمائش دہرا دی۔

مجاز نے جواب دیا۔

" اچھا گریباں اور چاک گریباں دونوں کو منگوایا ہے"

چالیسواں

سرور صاحب لکھنؤ یونیورسٹی سے مسلم یونیورسٹی جانے والے تھے اس سلسلہ میں 'ایوانِ ادب' کی طرف سے انکو ایک عشائیہ دیا جانے والا تھا۔ لیکن کسی نہ کسی مجبوری کی وجہ سے سرور صاحب اس کی تاریخ بڑھواتے چلے آرہے تھے۔ اسی درمیان علامہ کیفی کا انتقال ہوگیا۔ مجاز صاحب نے اتفاق سے اسی دن عشائیہ کے بارے میں پوچھا۔ میں نے کہا۔

"کیا بتاؤں سرور صاحب کو کوئی تاریخ راس ہی نہیں آتی بتایئے کیا کیا جائے۔؟" بولے۔

"اگر سرور صاحب راضی نہیں ہوتے تو اسی پیسے سے علامہ کیفی کا چالیسواں کروادو۔"

شاعری کا چالیسواں

ایک نوجوان شاعر، فراق صاحب کے رنگ میں رباعی کہنے کی ناکام کوشش کیا کرتے اُن کے احباب نے انھیں سمجھایا کہ "یہ کام پختہ کاروں کے لئے چھوڑ دو۔ ابھی سے رباعی پر توجہ قبل از وقت ہے"

مگر نوجوان شاعر اپنے زعم میں یہ بات نہ سمجھ سکا۔

ایک مرتبہ جذبی نے پوچھا۔

"کہیئے حضرت! کتنی رباعیاں کہہ ڈالی ہوں گی؟"

جواب ملا

"یہی! کوئی چالیس کے قریب"

مجاز بول اُٹھے۔

"تو جناب آپ اپنی رباعی گوئی کا چالیسواں کروا ڈالیئے"

ترجمہ

نشہ میں جب مجاز اور سلام میں شعر و شاعری پر بات ہوتی تو دونوں ایک دوسرے پر اپنی عظمت کا سکہ جمانے کے لئے ثابت کرتے کہ

"میں تم سے بڑا شاعر ہوں۔"

ایسے ہی موقع پر ایک بار سلام نے ان سے انگریزی میں کہا۔

MAJAZ IS DEAD BUT SALAM IS STILL LIVING AND KICKING.

مجاز نے اس کا ترجمہ کرتے ہوئے کہا۔

"مجاز تو مر گیا ہے۔ لیکن سلام اب تک زندہ ہے اور دولتیاں جھاڑ رہا ہے۔"

ترجمہ در ترجمہ

ایک بار سلآم صاحب نے مجآز سے پوچھا۔

"کیوں مجآز! آخر تم بھی کہو کہ میری شاعری کس معیار کی ہے۔؟"

مجآز نے پہلے تو بہت ٹالتے رہے مگر جب سلآم صاحب بہت بضد ہوئے تو مجآز نے کہا۔

"بھئی میں ابھی تمہاری شاعری کے بارے میں کیا رائے قائم کر سکتا ہوں۔ پہلے تم اس کا اردو میں ترجمہ تو کروا لو"

فارن کنٹری

قیام پاکستان کے بعد مجاز مشاعروں میں شرکت کی غرض سے کراچی اور لاہور گئے۔

وہاں سے واپسی پر ایک دن پاکستان زیر بحث تھا۔ مجاز نے بڑے اطمینان سے کہا کہ

"کسی کا فائدہ قیام پاکستان سے ہوا یا نہیں، مگر میرا فائدہ ضرور ہوا۔"

پھر ڈاکٹر عبادت بریلوی سے مخاطب ہو کر۔ اس فائدہ کی وضاحت کرتے ہوئے بولے۔

"بھئی فائدہ یہ ہوا۔ میری اہمیت اور بڑھ گئی۔" ڈاکٹر عبادت نے پوچھا۔

"کیسے؟" جواب دیا۔

"وہ اس طرح کہ اب میں فخر کے ساتھ کہہ سکتا ہوں کہ میں نے بھی ایک فارن کنٹری کی سیر کی ہے۔"

فراخدلی

ایک صاحب نے بڑی شاہانہ طبیعت پائی تھی. جس فراخدلی سے وہ اپنا پیسہ خرچ کرتے تھے اسی ٹھاٹھ سے وہ دوسروں کا پیسہ بھی خرچ کروا دیتے۔

ایک بار وہ مجاز سے بولے۔

"مجاز صاحب! میں نے ایک دو نہیں بلکہ کتنے ہی لکھ پتی بنا کر چھوڑ دیئے"

"ہاں بھئی ٹھیک کہتے ہو. مگر یہ تو تم بھی مانتے ہو کہ پہلے وہ کروڑپتی بھی تھے۔"

فارغ البالی

مجاز کے بے تکلف دوست سردار اچل سنگھ جب پنجاب سے نئے نئے لکھنؤ آئے تو ٹھیٹھ پنجابی تھے۔ ادبی ذوق تھا اور کافی ہاؤس میں مجاز کے ساتھ بیٹھتے تھے۔

کچھ عرصہ بعد ان کو لکھنؤ کی ایسی ہوا لگی کہ انہوں نے اپنے کو صفاچٹ کروا دیا اور بالکل سپاٹ ہو کر کافی ہاؤس میں پہونچے۔

مجاز ان کا حلیہ دیکھ کر حیرت سے بولے

" یا خدا! یہ پہلا سر دار ہے۔ جسے تو نے فارغ البالی عطا کی ہے "

دیدار انقلاب

لکھنؤ میں ایک بار پولس اور طلباء میں سخت تصادم ہوگیا دن میں کئی بار فائرنگ اور لاٹھی چارج تک ہوا اور شہر بھر میں سنسنی پھیل گئی۔

مجاز ایک بار میں بیٹھے ہوئے تھے کہ اتنے میں ایک صاحب کے ساتھ سردار جعفری پہونچے اور گھبرائے ہوئے لہجے میں بولے۔

"میاں تم یہاں بیٹھے ہو اور شہر میں ایک انقلاب آرہا ہے۔"

مجاز: افسوس کرتے ہوئے بولے کاش کہ قطب مینار لکھنؤ میں ہوتا۔ کیوں اس کی کیا ضرورت پیش آگئی؟ سردار نے پوچھا۔ کہنے لگے۔

"یار اس پر چڑھ کر کم سے کم انقلاب کے دیدار تو کر لیتے"

خدمت

ایک دفعہ ڈاکٹر علیم، پروفیسر احتشام حسین اور پروفیسر آل احمد سرور مجاز کے ساتھ اردو کانفرنس میں شرکت کے لئے پٹنہ گئے۔ ڈبے میں جگہ نہ ہونے کے باعث مجاز دوسرے ڈبہ میں چلے گئے۔ دو منٹ نہ گزرے تھے کہ مجاز لوٹ آئے۔ پوچھا، "کیوں واپس آگئے؟" ہنس کر بولے۔

• وہاں ایک سردار کرپان لئے بیٹھا ہے ۔

پٹنہ میں ایک ہوٹل میں یہ لوگ ٹھہرائے گئے۔
ایک رات پنڈت کیفی کے کمرے سے شور اٹھا۔ لوگوں نے جا کر دیکھا تو معلوم ہوا کے مجاز نشے میں علامہ کیفی کے پیر پکڑے ہوئے ہیں۔ اور کہہ رہے ہیں۔

• سردار جی تمہاری خدمت میں جو مزہ ہے وہ اور کسی چیز میں نہیں۔

فن

جذبی نے مجاز سے کہا

"بھائی میں تو جہاں فن دیکھتا ہوں سر جھکا دیتا ہوں۔"

مجاز بول اُٹھے

"خواہ یہ نہ معلوم ہو کہ فن کیا ہے۔"

قاعدہ

حیات اللہ انصاری صاحب نے بچوں کے لئے ایک قاعدہ لکھا۔ اسکی اتنی شہرت ہوئی کہ جدھر دیکھئے حیات اللہ کا قاعدہ زیر بحث ہے۔"

مجاز نے اس کا جب بار بار ذکر سنا تو ایک دن ہنستے ہوئے بولے۔

"کیا حیات اللہ نے اپنا تخلص قاعدہ رکھ لیا ہے؟"

ماہر

ایک بار ڈاکٹر علیم کی مخصوص وضع قطع دیکھکر فراق نے مجازؔ سے کہا۔

"معلوم ہوتا ہے کہ ڈاکٹر علیم کو موسیقی سے خاص شغف ہے۔"

مجازؔ نے سنجیدگی سے جواب دیا۔

"ماہر ہیں!"

پانی بنانا

ایک بار مجاز ملنے آئے۔ تھوڑی دیر بعد پانی کی فرمائش کی۔ ملازم پانی لینے گھر میں گیا۔ جب بہت دیر ہوگئی اور وہ پانی لے کر نہیں لوٹا تو انھوں نے مجھ سے پوچھا۔

"پاشا صاحب! یہ آپ کا ملازم پانی لانے گیا ہے یا بنانے؟"

تشریح

کسی نے مجاز کے سامنے مرزا غالب کا یہ شعر پڑھا۔

شمع جلتی ہے تو اس میں سے دھواں اٹھتا ہے
شعلۂ عشق سیہ پوش ہوا میرے بعد

مجاز نے سر دھنتے ہوئے کہا۔

"سبحان اللہ کیا شعر ہے جل تو شمع رہی ہے۔ اور دھواں 'میں' کے اندر سے اٹھ رہا ہے؟"

تحقیق

ایک بار مجاز یوپی سکریٹریٹ کے دفتر اطلاعات میں بیٹھے تھے۔ شرما جی، جن سے ان کی رسمی ملاقات تھی اور ان کے اِس وقت مخاطب تھے کسی موٹی سی کتاب کی ورق گردانی میں مصروف تھے کافی وقت گزر گیا مگر شرما جی کی ورق گردانی ختم نہ ہوئی۔ آخر مجاز بور ہوتے ہوئے اس کتاب کی طرف دیکھتے ہوئے بولے۔

"معلوم ہوتا ہے کوئی کتاب ہے؟"

آٹوگراف

ایک انڈو پاک مشاعرہ میں ایک حسینہ مشاہیر شعراء سے آٹوگراف لے رہی تھی اس مشاعرہ میں جوشؔ، جگرؔ، فراقؔ حفیظؔ، ساغرؔ، اور مجازؔ کے ساتھ نریش کمار شادؔ وغیرہ بھی تھے۔

مجازؔ کے پاس جب آٹوگراف بک پہونچی اور لکھنے سے قبل انھوں نے ورق گردانی کی۔ جوشؔ اور شادؔ کا آٹوگراف دیکھنے کے بعد وہ مسکرائے اور انہوں نے آٹوگراف بک پر لکھا۔

"آٹوگراف بک ایک ایسا اصطبل ہے جس میں گھوڑے اور گدھے ایک ساتھ باندھے جاتے ہیں"

لفظی گرفت

ایک ادبی نشست میں مجاز سے اصرار کیا گیا کہ کچھ سنائیں۔ مگر وہ برابر ٹالتے رہے۔
میں نے کہا۔
"اب سنا بھی دیجئے۔ دیکھئے یہ لڑکے بہت دیر سے پیچھے پڑے ہوئے ہیں۔"
مجاز نے ہاتھ کا اشارہ کرتے ہوئے کہا
"ان کو پیچھے ہی پڑا رہنے دیجئے۔"

پارٹی لائن

مجاز نے پارٹی لائن پر ہمیشہ چال والی شاعری کبھی نہ کی۔
جنگ کے زمانے میں جب ان کی نظموں پر اشتراکی نقاد
اعتراض کرتے تو وہ ہمیشہ مذاق میں یہ کہہ کر ٹال دیتے۔
" جی ہاں یہ نظم ذرا پٹری سے اُتر گئی ہے"

احتیاط

مجاز ایک بار اپنے چند ہم مشربوں کے ساتھ شراب نوشی میں مشغول تھے۔ ایک صاحب نے جب بوتل سے شراب انڈیلی تو اس کے کچھ قطرے میز پر گر پڑے۔ مجاز سے نہ رہا گیا اور ہدایت کی۔

" دیکھئے ذرا سنبھل کے۔! اگر ایک قطرہ بھی گرا تو ایک اولاد کا غم ہوگا اور کہیں بوتل ہاتھ سے چھوٹ گئی تو سمجھ لیجئے کہ پورا خاندان تباہ ہو جائے گا۔

عقل

مجازؔ جب رانچی کے دماغی ہسپتال سے واپس ہوئے
تو کسی نے پوچھا۔
"کیا واقعی آپ کی عقل زائل ہو گئی تھی ؟"
مجاز نے ٹھنڈی سانس بھر کر کہا۔
"برادرم عقل تھی ہی کہاں جو زائل ہوتی۔ عقل ہوتی تو
اس ملک میں شاعری کرتے۔"

سمجھ

زہرہ انصاری سے ایک بار مجاز نے حیات اللہ انصاری کا تعارف کرایا۔ اس زمانے میں حیات اللہ انصاری صاحب ہندوستان اخبار کے ایڈیٹر تھے۔

مجاز نے کہا۔

"آپ ہندوستان کے ایڈیٹر ہیں"

زہرہ نے زور دیکر کہا۔

"اچھا آپ ہندوستان کے ایڈیٹر ہیں—؟" مجاز کو موقع مل گیا۔ بولے۔

"اگر آپ کاتب سمجھ رہی تھیں تو یہ آپ کی بھول تھی۔"

قابلیت

حیدرآباد میں ادیبوں کی کانفرنس تھی۔ اس میں ڈاکٹر ملک راج آنند نے ایک بڑی لمبی چوڑی تقریر کی۔ سامعین سخت بے زار نظر آرہے تھے۔ مجاز پر غنشی کا عالم طاری تھا۔ مگر خاموش تھے۔ کچھ اور دیر ہوگئی اور جب صبر کا پیمانہ بالکل لبریز ہوگیا تو اپنے برابر بیٹھے ہوئے شخص سے بولے۔

" بڑا قابل آدمی معلوم ہوتا ہے۔

مردم شناس

کاشانۂ فراق ہے ــــ

فراق صاحب حسب عادت ماحول کی بے رنگی سے اکتا کر بچوں سے دل بہلا رہے ہیں بچوں کے معصومانہ غمزے اور شوخیاں اپنے شباب پر ہیں کہ اتنے میں مجاز وارد ہوتے ہیں۔

فراق صاحب اپنی نواسی کی طرف اشارا کرتے ہوئے بولے۔

”یار مجاز! لڑکی بہت شریر ہے سب مجھے حرامزادہ کہتی ہے۔

”بڑی مردم شناس معلوم ہوتی ہے“

مجاز نے بیٹھتے بیٹھتے جملہ پورا کیا۔

زاویۂ فکر

اثرؔ حیدرآبادی کی شادی میں نکاح کے بعد سہرے پڑھے گئے اور اس کے بعد احباب نے خوش فعلیاں شروع کردیں نیازؔ حیدر نے سہرے کی پیروڈی کرتے ہوئے کہا۔

آ گئے باندھ کر اثرؔ سہرا

مجازؔ نے شعر مکمل کر دیا۔

نہ چرائے کہیں نظر سہرا

نیازؔ حیدر نے کہا:

سلسلہ الحمد زر کے تار بھی ہیں

مجازؔ نے برجستہ کہا:

پیارے پی ڈال بیچ کر سہرا

وضاحت

مجاز تقریر کرنے سے ہمیشہ دامن بچاتے تھے۔
ایک بار انجمن ترقی پسند مصنفین کی کانفرنس میں لوگوں نے انھیں تقریر کرنے کے لئے کھڑا کردیا۔ مجاز نے بہت جوش میں آکر کہا۔

"حضرات و خواتین — !
عام طور پر لوگ جھونپڑوں میں رہ کر محلوں کے خواب دیکھتے ہیں۔ مگر چونکہ ہم ترقی پسند ہیں اس لئے محلوں میں رہکر جھونپڑوں کے خواب دیکھتے ہیں!"

عظمت کی گاڑی

جوش ملیح آبادی سفر پر جا رہے تھے۔ اسٹیشن پہونچے تو انکی گاڑی چھوٹنے ہی والی تھی مجازؔ اور دوسرے شعراء انہیں خدا حافظ کہنے کے لئے پہلے سے پلیٹ فارم پر ریلوے بک اسٹال کے سامنے کھڑے ہوتے تھے کہ اچانک جوش صاحب تیزی سے مسکراتے ہوئے سامنے سے گزر گئے۔

اس پر ایک شاعر نے کہا۔

" اتنا عظیم شاعر اگر کسی اور ملک میں ہوتا تو آج اس کے معتقد قطار در قطار اسٹیشن پر اس کو الوداع کہنے کے لئے آتے اور ہر شخص اپنے محبوب شاعر سے مصافحہ کرنے کی سعادت حاصل کرتا۔۔۔۔۔ اور۔۔۔ "

" اور اسی دوران میں شاعر اعظم کی گاڑی دوسرے اسٹیشن تک پہونچ چکی ہوتی۔"

مجاز نے بات کاٹتے ہوئے کہا۔

مجبوری

مجازؔ گوالیار سے لکھنؤ آنے کے لئے اسٹیشن پر ویٹنگ روم میں بیٹھے جاں نثار اختر کا انتظار کر رہے تھے ایک صاحب آئے اور کسی قدر گھبراہٹ سے بولے۔

"مجازؔ صاحب! ٹرین آرہی ہے۔"

"تو میں کیسے روک سکتا ہوں۔!"

مجازؔ نے سوکھے منہ جواب دیا۔

ردِعمل

مجاز نے آخری زمانے میں شعر کہنا چھوڑ دیا تھا۔ چنانچہ جب لوگوں نے ان سے پوچھنا شروع کیا کہ اب آپ نئی چیزیں نہیں کہہ رہے ہیں۔ تو انھوں نے جواب دیتے ہوئے کہا۔

"اب تک جو کچھ کہا ہے اس پر ہی کونسا عمل ہو رہا ہے جو اور کہا جائے۔!"

بٹوارہ

ایک بار نیاز حیدر نے پوچھا۔
" مجاز صاحب ہندستان اور پاکستان کے بٹوارے
کے بارے میں آپ کا کیا خیال ہے۔؟"
مجاز بولے ——"
" خیال بٹ جاتا ہے "

دوسرا پاگل خانہ

ایک زمانہ میں مجاز اپنا ذہنی توازن قدرے کھو بیٹھے تھے انہیں علاج کی غرض سے رانچی کے پاگل خانہ میں داخل کر دیا گیا۔ کچھ عرصہ بعد جب وہاں سے واپس آئے تو حالت سنبھل چکی تھی لکھنؤ آتے ہی ان کے احباب نے انھیں گھیر لیا۔

کسی نے پوچھا ——

"کہیئے اتنے دن کیسے رہے۔؟"

کسی نے ہمدردی کی ——

"اب مزاج تو ٹھیک ہیں؟"

کسی نے جاننا چاہا ——

"سنا ہے کچھ دماغی توازن بگڑ گیا تھا؟"

غرض اسی قسم کے سوالات کا سامنا کرنا پڑا۔ ایک دن اکتا کر بولے ——

"بھئی مجھے تو وہاں اور یہاں میں کوئی فرق نظر نہیں آتا معلوم ہوتا ہے کہ ایک پاگل خانہ سے نکل کر دوسرے پاگل خانہ میں آ گیا ہوں۔"

حرام وحلال

ایک بار مجاز کے ساتھ جوش صاحب بھی مے نوشی میں شامل تھے، دور چل رہا تھا کہ کسی نے حرام و حلال کا ذکر چھیڑ دیا۔

"جوش صاحب نے شراب کی موافقت میں دلیلیں دینا شروع کر دیں مگر جب بحث تلخ ہو گئی تو بپھر کر بولے۔

"کیا حرام و حلال لگا رکھا ہے۔ شراب حرامی کے لئے حرام ہوتی ہے اور حلالی کے لئے حلال ہوتی ہے۔"

اتنے میں کہیں فراق صاحب نے نشے میں مجاز صاحب کے جام کی طرف ہاتھ بڑھا دیا۔ مجاز نے مسکرا کر جوش صاحب کی طرف دیکھتے ہوئے کہا۔

"فراق صاحب ادھر ہاتھ نہ بڑھایئے۔ ورنہ حرام ہو جائے گی۔"

حماقتیں

ہندو مسلم اتحاد کے موقع پر ایک مشاعرہ ہو رہا تھا۔ دوسرے شاعروں کے ساتھ جب مجاز پنڈال میں داخل ہوئے تو سامنے بڑا بڑا لکھا ہوا تھا۔

"مذہب کے نام پر لڑنا حماقت ہے"

مجاز نے ایک لمحہ اس عبارت پر نظر ڈالنے کے بعد کہا۔

"اس حماقت کے نام پر لڑنا مذہب ہے۔"

سعادت مندی

کسی صاحب نے ایک بار مجاز سے پوچھا۔

"کیوں صاحب! آپ کے والدین آپکی رندانہ بے اعتدالیوں پر کچھ اعترض نہیں کرتے؟"

مجاز —

"جی نہیں!"

"کیوں —؟"

مجاز

"لوگوں کی اولاد سعادت مند ہوتی ہے لیکن خوش قسمتی سے میرے والدین سعادت مند ہیں —"

روم پارٹنر

ایک بار مجاز کے ایک دوست ان سے ملنے گئے، اور باتوں باتوں میں پوچھا۔

"آپ رات کو سوتے کس کمرے میں ہیں؟"

"باہری کمرے میں" مجاز نے جواب دیا۔ اور بولے

"یہ کمرہ اندر سے بند کرلیا جاتا ہے اور باہر سے کھلا رہتا ہے جب بھی میں رات کو آتا ہوں بغیر کسی کو جگائے سو رہتا ہوں۔"

اُن کے دوست نے پوچھا۔

"اندر کھانے وغیرہ کا کیا ہوتا ہے؟"

مجاز نے کہا۔

"کھانا لاکر رکھ دیا جاتا ہے۔"

یہ کہکر مجاز مسکرائے اور بولے۔

"اگر کمرے میں، میں پہلے آجاتا ہوں تو میں کھالیتا ہوں اور اگر کتا پہلے آجاتا ہے تو وہ کھالیتا ہے۔"

آرام کرسی

مجاز کو کسی ادبی نشست میں پہونچنا تھا۔ وقت بھی باقی تھا۔ ان کے ساتھ پروفیسر رشید احمد صدیقی بھی تھے۔ جب کھڑے کھڑے باتیں کرتے ہوئے کچھ دیر ہو گئی تو رشید صاحب نے سامنے پڑی ہوئی کرسی کی طرف اشارہ کرتے ہوئے مجاز سے کہا۔

" آپ تکلیف محسوس کر رہے ہوں گے۔ آرام کرسی پر بیٹھ جائیے۔"

مجاز نے ادب کے ساتھ جواب دیا۔

" جی ہاں! مگر مجھے آرام کرسی پر تکلیف ہوتی ہے۔"

تفتیش

ایک بار مجازؔ کے پڑوس میں چوری ہوگئی۔ تفتیش کے لئے پولس آئی، محلے والے جمع ہو گئے اور موقع واردات کے بارے میں اپنی رائے دینے لگے۔

مجازؔ صاحب نے صاحبِ خانہ سے ہمدردی کرتے ہوئے ان کو مجمع سے الگ لے جاکر بہت ہی رازدارانہ انداز میں بتایا کہ

'جہاں تک میری رائے کا تعلق ہے۔ تو کبھی ہو نہ ہو مجھے تو یہ کسی چور کی حرکت معلوم ہوتی ہے۔"

ہوئے تم دوست جس کے....

شوکت تھانوی نے ایک دفعہ مجاز کے والد سے مجاز کی بڑی تعریف کی، مگر ساتھ ہی یہ بھی کہہ دیا کہ

"مجاز کو شراب نوشی کی بڑی بری عادت پڑگئی ہے۔ کسی طرح ان سے چھڑوا دیجئے۔"

یہ خبر جب مجاز تک پہونچی تو بہت خفا ہوئے اور ان سے کہا۔

"یا مجھ سے دوستی رکھئے یا میرے والد صاحب سے۔ بیک وقت باپ بیٹے سے دوستی رکھنے میں بیٹا تو بیٹا باپ تک کے بگڑ جانے کا خطرہ ہے۔"

اَوّلنا و آخرنا

ایک مشاعرے میں مجاز انتہائی سرمستی اور مدہوشی کے عالم میں اپنی نظم ــــــ

بول! اری او دھرتی بول
راج سنگھاسن ڈانواں ڈول

پڑھ رہے تھے۔ کہ کسی نے فقرہ چست کیا۔

"مجاز صاحب! کیا آپ نے یہ نظم شراب پی کر کہی تھی"

"بلکہ کہنے کے بعد بھی پی تھی۔"

مجاز نے جواب دیا۔۔

وضو

ایک ادب نواز مجسٹریٹ نے مجاز کو بستی آنے کی
دعوت دی ـــــ
مجاز نے کہا۔
"کچھ کام کی بات بھی ہو گی"
اس نے جواب دیا۔
"تم آؤ تو نہلا دوں گا"
مجاز مسکرا کر بولے۔
"خیر وہاں تو نہلا دو گے۔یہاں کم از کم وضو تو کروا ہی دو"

لطیفہ در لطیفہ

ایک روز میں نے کہا ـــــ
" مجاز صاحب! میں آپ کے لطیفے جمع کر رہا ہوں۔ کچھ اپنے لطیفے سنایئے۔"
ہنستے ہوئے بولے ـــــ
" لیجئے پاشا صاحب! ایک لطیفہ تو یہی ہو گیا کہ آپ مجھ ہی سے میرے لطیفے پوچھ رہے ہیں۔"

ایک دعا

مجاز کئی دن سے شراب کی تلاش میں سرگرداں تھے کہ اچانک ایک صاحب نے میراجی کی موت کی خبر سناتے ہوئے کہا۔

"مجاز صاحب! بلا نوشی نے بے چارے کی جان لے لی۔"

مجاز نے دونوں ہاتھ اٹھا کر کہا۔

"اے اللہ! ایسی ہی موت تو سب کو دے۔"

شاعرِ بے دام

ایک بار مجازؔ سعید اختر نعمانی کے گھر پر بیٹھے ہوئے تھے
ان کے ایک دوست اپنا قلمی دیوان بغل میں دبائے ہوئے
وارد ہوئے۔ اور مجازؔ کی طرف دیوان بڑھاتے ہوئے بولے۔
" کتاب چھپوانا چاہتا ہوں۔ آپ مقدمے کے طور پر چند
سطور لکھدیں۔ تو عنایت ہوگی"
مجازؔ مسکرا کر بولے —
" میرؔ نے سچ ہی کہا تھا۔

لے کے دیوان بغل میں اپنا میرؔ
ہم پکارے ہیں کام شاعر کا

آمد و آورد

ایک بار مجاز کافی ہاؤس میں بیٹھے تھے کہ ایک صاحبزادے جگہ نہ ہونے کی وجہ سے اُن کی میز پر آکر بیٹھ گئے۔
کافی کا آڈر دینے کے بعد ان برخوردار نے گنگنانا شروع کیا۔

احمقوں کی کمی نہیں غالب
ایک ڈھونڈو ہزار ملتے ہیں

مجاز نے ان کی طرف مسکرا کر دیکھا اور بولے۔
"معاف کیجئے گا، ڈھونڈنے کی نوبت کبھی نہیں آنے پاتی بلکہ خود بخود آٹپکتے ہیں"۔

دونوں

مجاز کی شادی کی ان کی والدہ کو بہت فکر تھی۔ اس سلسلہ میں انہوں نے دو لڑکیوں کی تصویریں انھیں دکھا کر کہا۔

"دونوں میں کوئی پسند ہے ــــ؟"

مجاز جلدی سے بول اٹھے ــــ

"دونوں ــــ!"

تنگ قافیہ

فراق اور مجاز کے ساتھ کافی ہاؤس میں ایک ممتاز شاعر اور ان کی اکلوتی صاحبزادی بھی بیٹھی ہوئی تھیں۔ گپ شپ کے دوران فراق صاحب کو شرارت سوجھی اور وہ ان شاعر صاحب کی خوبصورت صاحبزادی کی طرف اشارہ کرتے ہوئے بولے ۔۔

" صاحب آپ نے زندگی میں ایک ہی مصرعہ کہا ہے "

مجاز بھلا کب چوکنے والے تھے۔ جلدی سے بولے۔

" جی ہاں فراق صاحب! مگر اس کا بھی قافیہ تنگ ہے "

عشق اور پوشیدہ

مجاز نے اپنے ایک ہم نوالہ اور ہم پیالہ سے ایک دن باتوں میں پوچھا۔

" کہیئے حضرت! کبھی آپ نے عشق بھی کیا ہے ؟"

حضرت بولے۔

" ہاں کیا تو ہے "

" ارے۔ہائے۔ مجاز اچھل پڑے اور بولے۔

"اماں عجیب آدمی ہو، تم پر تو ریسرچ کرنا چاہیئے۔ عشق کرتے ہو اور اس کا تذکرہ تک نہیں کرتے !"

شدید محبت

ایک جوان شاعر نے کسی خاتون کا ذکر کرتے ہوئے کہا۔
"مجاز صاحب مجھے ان سے شدید محبت ہوگئی ہے اس محبت نے میرے دل و دماغ کو جھنجوڑ کر رکھ دیا ہے خدا کی قسم جب تک اس حسینہ کے متعلق چھ نظمیں نہیں کہہ لوں گا چین سے نہ بیٹھوں گا۔"

مجاز نے جواب دیا۔۔۔
" لیکن چھ نظمیں سننے کے بعد اس کی حالت محبت کرنے کے لائق بھی رہ جائے گی "۔

ترچھی نظر

کلیم الدین احمد کی کتاب
'اردو شاعری پر ایک نظر'
زیر بحث تھی۔ مجاز بیچ میں بول اٹھے۔
"جناب۔ یہ اردو شاعری پر ایک نظر تو ہے۔ مگر یہ نظر
ذرا ترچھی ہے۔"

تلاشِ گمشدہ

لکھنؤ کی ایک نمائش میں مجازؔ اپنے گہرے دوست سلامؔ مچھلی شہری صاحب کے ساتھ ٹہل رہے تھے۔ نمائش کے منتظمین کی طرف سے لاؤڈ اسپیکر پر کھوئے ہوئے بچوں کی شناخت کے اعلانات برابر ہو رہے تھے۔ مجازؔ کو کچھ دیر بعد شرارت سوجھی اور سلامؔ صاحب کو ایک جگہ بٹھاکر جلدی سے نمائش کے دفتر پہونچے اور تھوڑی دیر بعد لاؤڈ اسپیکر سے اعلان ہو رہا تھا۔

" ایک بچہ جس کا نام سلامؔ ہے اور صورت سے مچھلی شہری معلوم ہوتا ہے۔ جن صاحب کو ملے دفتر پہونچا دیں۔"

نقشِ فریادی

کسی مشاعرے میں مجاز اپنی غزل پڑھ رہے تھے محفل پورے رنگ پر تھی اور سامعین خاموشی کے ساتھ کلام سن رہے تھے کہ اِتنے میں کسی خاتون کی گود میں ان کا شیر خوار بچہ زور زور سے رونے لگا۔ مجاز نے اپنی غزل کا شعر ادھورا چھوڑتے ہوتے حیران ہوکر پوچھا "بھئی!

یہ نقش فریادی ہے کس کی شوخیٔ تحریر کا؟

سرخ، سفید

مجاز اپنی جوانی میں ایک بار بمبئی گئے۔ نرگس کی والدہ جدن بائی کے گھر پر ایک نشست تھی۔ جہاں انھیں بھی کلام پڑھنا تھا نرگس جب مجاز سے آٹوگراف لینے آئی تو انھوں نے یہ شعر لکھ دیا۔

ترے ماتھے پہ یہ آنچل بہت ہی خوب ہے لیکن
تو اس آنچل سے اک پرچم بنا لیتی تو اچھا تھا

بات آئی گئی ہوگئی۔ کچھ عرصہ بعد مجاز پھر بمبئی پہونچے۔ نرگس سے ملاقات ہوئی۔ نرگس نے پہلی ملاقات کا حوالہ دیتے ہوئے کہا۔
" مجاز صاحب آپ کو یاد ہے کہ آپ نے میری آٹوگراف بک پر ایک شعر لکھا تھا۔ مجاز نے کہا۔
" ہاں یاد ہے۔ نرگس مسکرا کر شرارت سے بولی
" میں اس وقت لال دوپٹہ نہیں بلکہ سفید دوپٹہ اوڑھے تھی۔
" تو کیا ہوا؟ مجاز نے جواب دیا۔
" تم اس کا بھی پرچم بنا سکتی ہو۔ میں امن کا پیغام لیکر بڑھوں گا"

لب لعلین نگار

بمبئی میں ایک ادبی نشست میں اداکارہ نگار سلطانہ بھی موجود تھیں۔
مجاز اپنی نظم "شہر نگار" پڑھ رہے تھے لیکن اس مصرعے پر آئے تو مسکرا دیئے:۔
؎ میرے لب پر لب لعلین نگار آ ہی گیا
مجاز کا مسکرانا تھا کہ محفل میں قہقہہ پڑ گیا۔

مہتاب

ایک بار مجاز سہراب مودی کو اپنا کلام سنا رہے تھے کہ استنے میں سہراب مودی کی بیوی مہتاب اپنی بچی کو گود میں لے کر بیٹھ گئیں۔

اس وقت مجاز اپنی نظم کا یہ بند پڑھ رہے تھے :۔

میں نے مانا کہ تم ایک پیکرِ رعنائی ہو
طلعتِ مہر ہو فردوس کی برنائی ہو
چمنِ دہر میں روحِ چمن آرائی ہو

پھر یک بار گی ان کی نظر مہتاب کی گود کی طرف گئی اور منہ سے یہ مصرعہ نکلا۔

بنتِ مہتاب ہو گردوں سے اتر آئی ہو

تقریب

حیدر آباد دکن میں "قاف" (ق) کی جگہ "خ" بولا جاتا ہے۔

ایک بزرگ حیدر آبادی نے مجاز کو مدعو کرتے ہوئے کہا۔

"مجاز صاحب کل میری لڑکی کی تخریب (تقریب) ہے۔ اس میں ضرور شرکت فرمایئے۔"

مجاز نے بے حد سنجیدہ ہوتے ہوئے کہا۔

"نہیں صاحب! ایسے خوفناک منظر کی میں تاب نہ لاسکوں گا۔"

بیوی کی باتیں

ایک بار نشے کے عالم میں مجاز، جذبی، اور سردار جعفری شاعری چھوڑ کر اپنی بیویوں کے بارے میں باتیں کرنے لگے۔
جذبی نے سردار سے کہا۔
"سردار معلوم ہوتا ہے جیسے تم نے اپنی ماں سے شادی کی ہے۔"
مجاز نے جذبی کو چھیڑتے ہوئے کہا۔
"ان کو چھوڑو، اپنی کہو، تم نے تو اپنی بیٹی سے شادی کی ہے"
اور جذبی کو اپنی پاکٹ سائز بیوی یاد آ گئی۔

مڈوائف

مجاز کے ایک دوست نے کہا۔

" مجاز میں شادی کرنا چاہتا ہوں۔"

" کر ڈالو ——— !"

" لیکن میں ایسی عورت چاہتا ہوں جو وائف (WIFE) اور محبوبہ دونوں کی جگہ پُر کر سکے۔"

" اچھا اچھا میں سمجھ گیا ———"

مجاز مسکرا کر بولے۔

" آپ کا مطلب (MID WIFE) مڈوائف سے ہے"

آوارہ

ایک مشاعرے میں مجاز نے اپنی ایک نظم "نورا" پڑھنا شروع کی۔ سامعین نے اصرار کیا کہ "آوارہ" پڑھیے "اسے بھی آوارہ سمجھیے" ــــ اور شروع ہو گئے۔

بیوہ

ایک مشہور شاعر جب کبھی دوستوں کی محفل میں بیٹھتے اپنے کنوارے پن پر بہت رویا کرتے، ایک بار وہ بڑی حیرت سے بولے ۔

"جوانی گزرتی جا رہی ہے، جسم میں جان نہیں رہ گئی ہے، سوچتا ہوں کہ کسی بیوہ سے شادی کر لوں ۔"

مجاز جل کر بولے ۔

"بیوہ کی قید کی کیا ضرورت ہے تم شادی کر لو۔ بیوہ تو وہ ہو ہی جائے گی ۔۔۔!"

سوتیلی ماں

ایک بار مجاز، جذبی۔ اور جعفری وغیرہ جمع ہوئے تھے۔ گپ ہورہی تھی۔ باتوں باتوں میں مجاز نے جذبی سے پوچھا۔۔۔

"جذبی تم کب پیدا ہوئے تھے؟"

جذبی بولے۔۔۔

"میری ماں سوتیلی ہیں۔۔۔!"

"اچھا اچھا جب ماں سوتیلی ہیں تو پھر پیدا ہونے کا سوال ہی نہیں اٹھتا۔"

چار سو روپے

ایک بار راجہ محمود آباد نے مجاز کو نصیحت کرتے ہوئے بڑے پیار سے سمجھایا۔

"دیکھو میاں! اگر تم شراب پینا چھوڑدو تو میں تمہارے گزارے کے لئے چار سو روپے ماہوار مقرر کردوں گا۔"

مجاز نے بڑے ادب کے ساتھ جواب دیا۔

"مگر راجا صاحب! یہ تو سوچئے کہ اگر میں شراب ہی پینا چھوڑدوں تو پھر ان چار سو روپوں کا کیا کروں گا۔"

شراب اور گھڑی

ایک بار جوش صاحب نے مجاز کو نصیحت کی کہ۔۔۔
"اگر شراب ہی پینا ہے تو میری طرح اپنے سامنے گھڑی رکھ کر پیا کرو۔"

مجاز نے جواب دیا۔۔۔
"کیا بتاؤں جوش صاحب! آپ تو گھڑی کی بات کرتے ہیں اگر میرا بس چلے تو اپنے سامنے گھڑا رکھ کر پیا کروں۔!"

کباب

مجاز اور فراق کے درمیان بڑی سنجیدہ گفتگو ہو رہی تھی کہ اچانک فراق نے مجاز کو چھیڑنے کیلئے کہا۔

،، مجاز! تم نے کباب بیچنے کب سے بند کر دیئے؟،،

مجاز نے جواب دیا۔

،، جب سے آپ نے گوشت بیچنا چھوڑ دیا۔،،

مربّہ

فراؔق گورکھپوری اپنی رباعیات کا دوسرے شعراء سے موازنہ کرتے ہوئے کہہ رہے تھے۔
"کہنے کو تو رباعیاں جوؔش صاحب بھی کہتے ہیں۔ لیکن وہ اس صنفِ سخن کا باقاعدہ فن کی حیثیت سے استعمال نہیں کرتے" دراصل وہ اپنی شاعری کے منہ کا مزا بدلنے کے لئے دوسری چیزیں لکھتے لکھتے کبھی کبھی رباعیاں بھی لکھ دیتے ہیں۔ اصل میں ان کی رباعیاں ایک طرح سے "چٹنی ہیں۔ اور میری رباعیاں ---------
مجاؔز نے فراؔق کی بات کاٹتے ہوئے کہا"
"ایک طرح سے مربّہ"!

ہمہ شما

ایک بار مجاز اپنے گہرے دوست سلام صاحب سے مے نوشی کے بارے میں بات کر رہے تھے۔ ایک صاحب بولے۔

"سلام صاحب پینے کے بعد ایٹم بم بن جاتے ہیں"

"ایٹم بم" سے

مجاز بولے۔

"ایٹم بم تو ہیروشیما پر گرایا گیا تھا۔ مگر یہ حضرت ہمہ شما پر گرتے ہیں۔"

گردش

مجازؔ نیم دیوانگی کے عالم میں ایک بار کسی محفلِ واعظ میں پہونچے۔ ان کے کسی جاننے والے نے ان سے پوچھا۔
"حضرت مجازؔ ۔۔۔۔۔ آپ اور یہاں؟"
"جی ہاں" مجازؔ نے جواب دیا۔
"آدمی کو بگڑتے کیا دیر لگتی ہے، میرے بھائی!"

ناروے

مجاز صاحب نوح ناروی سے، نوح صاحب کی شاعری کی خوبیاں بیان کر رہے تھے۔
"نوح صاحب واقعی کمال ہے!"
نوح صاحب نے انکسار برتا۔
"ارے صاحب!"
نوح صاحب سچ کہتا ہوں کمال ہے۔"
ناروے (NORWAY) کا ہو کر اردو زبان میں اتنی اچھی شاعری کرنا بہت بڑی بات ہے۔"

آنا یا جانا

ایک سڑک پر سامنے سے کوئی بگڑے جنٹلمین الٹی ہیٹ پہنے چلے آرہے تھے۔ انھیں دیکھکر مجاز مسکراتے ہوئے بولے۔

" ذرا ان حضرت سے پوچھو کہ یہ آرہے ہیں۔ یا جارہے ہیں!!"

مذاق

ساحر نے بہت جذباتی طریقہ پر کہنا شروع کیا۔
" دیکھو مجاز! یہ بمبئی کا اسٹیشن ہے اسکی عمارت کتنی عالیشان ہے۔ اِس کے کمرے کتنے بڑے بڑے اور روشن ہیں۔"
ساحر نے کہا۔" اور اسی بمبئی میں ہزاروں بلکہ لاکھوں مزدور، کیڑوں مکوڑوں کی طرح تنگ و تاریک اور متعفن کھولیوں میں ایڑیاں رگڑ رہے ہیں۔ ہمارے رہنے کے لئے عالیشان کمرے نہ جانے کب ملیں گے۔"
مجاز نے ساحر کے لہجے کی نقل کرتے ہوئے کہا۔
" ہاں یار ساحر! تم نے ٹھیک ہی تو کہا ہے کہ"

ریلوے والوں نے دولت کا سہارا لے کر
ہم غریبوں کی محبت کا اڑایا ہے مذاق

پراکسی

ایک دفعہ اپنی طالب علمی کے زمانے میں کسی دوست کی پراکسی بولتے وقت پروفیسر نے ان کو پکڑ لیا اور خفا ہوتے ہوئے بولے۔

"کیوں مسٹر، یہ حرکت! آپ نے دوسروں کے نام پر پراکسی کیوں بولی۔؟"

مجاز نے سنجیدگی سے جواب دیا۔

"سر یہ تو میرا اخلاقی فرض تھا۔ دوسرا میرے نام پر کبھی تو پراکسی بولتا ہے۔"

سورما

مجاز کے ایک دوست اور ساتھی اشتراکیت کے موضوع پر زبردست بحث کرنے والوں میں سے تھے اور بحث بھی ایسی کرتے کہ اگر کسی سے الجھ جاتے تو جھاڑ کا نٹا بن جاتے۔

اسی زمانے میں لکھنؤ کے ایک بزرگ اور دو کتب فروش دبقول مجاز۔ زبردست نقاد تھے" اشتراکیت کے بہت بڑے مخالف تھے جبکہ وہ امین آباد پارک میں چہل قدمی کیا کرتے تھے۔ ایکدن مجاز اپنے ایک ساتھی کو لے کر ٹھیک اسی وقت پارک میں پہونچے اور زبردست نقاد" اور اپنے اشتراکی ساتھی میں باتوں ہی باتوں میں اشتراکیت کے بارے میں بحث چھڑوا دی۔ رفتہ رفتہ دونوں ایک دوسرے سے الجھ پڑے۔ مجاز "ابھی آتا ہوں کہکر وہاں سے چل دیئے۔"

انہوں نے اپنے ایک دوست کے یہاں جاکر کھانا کھایا۔ سوئے پھر اٹھکر چائے پی۔ گپ لڑائی اسکے بعد رات کا کھانا کھاکر ساڑھے دس بجے رات کو بولے

"مجھے اب جاکر ان سورماؤں کو چھڑادینا چاہیئے۔"

جب مجاز امین آباد پارک پہونچے تو دونوں کی بحث انتہائی تلخ صورت اختیار کرچکی تھی دونوں نے مجاز سے شکایت کی کہ

"تم نے بھی مجھ کس کودھ مغز سے بھڑوا دیا ۔۔۔؟"

روحِ اقبال

ایک مرتبہ تقریر کرتے ہوئے سردار جعفری نے اقبال کو اشتراکی نقطۂ نظر کا شاعر بتایا۔

جلسے میں ایک آدمی چیخ اٹھا ——

"حضرت، یہ آپ کیا کفر بک رہے ہیں شاعر مشرق اور اشتراکیت —— لاحول ولا قوۃ آپ تو علامہ اقبال کی روح کو سخت تکلیف پہونچا رہے ہیں۔"

ایک کونے سے مجاز بول اٹھے ——

"جناب وہ روح اقبال کی نہیں آپ کی ہو گی۔"

جوشؔ ملیح آبادی

جب جوشؔ صاحب کو مجازؔ کی مے نوشی کا علم ہوا تو انہوں نے ان کے لئے ایک پندنامہ بھیجا اور اعتدال کی حد میں رہنے کی تلقین کی۔ اس پر ان کا ردِ عمل معلوم کرنے لئے کسی دوست نے جوشؔ صاحب کے بارے میں ان کی رکے پوچھی تو مجازؔ نے کہا ۔؎

فکر ناقص ہے دل دریدہ ہے
یہ شنیدہ نہیں ہے دیدہ ہے
رندِ بے باک کی نصیحت خوب
شیخ کی شان میں قصیدہ ہے

حیات اللہ انصاری

مجاز اپنے دوست حیات اللہ انصاری صاحب کے ساتھ چلتے چلتے اچانک ایک پنواڑن کی دوکان پر رک گئے اور بے حد سنجیدگی اور احترام سے انصاری صاحب کو پنواڑن سے متعارف کراتے ہوئے بولے۔

"آپ لکھنؤ کے شرفا میں شمار کئے جاتے ہیں۔ وضعدار ہیں اور بہت عمدہ کہانیاں بھی لکھتے ہیں۔ اردو کے ایک روزانہ اخبار کے اڈیٹر ہیں ——— عرصہ سے آپ سے ملنے کیلئے آرزومند بھی تھے۔"

پروفیسر آلِ احمد سرور

میکدہ کی ایک شام —
شاعر کے حلق سے ابھی چند جرعے ہی اترے تھے
کہ کسی ستم ظریف نے پوچھ لیا۔
"مجاز صاحب! سرور آیا؟"
"جی نہیں، ابھی تو آلِ احمد ہی آئے ہیں۔"
مجاز نے ساغر پر نگاہیں گاڑتے ہوئے برجستہ
جواب دیا۔

شہاب جعفری

ایک بار مجاز صاحب شہاب جعفری کے گھر گئے۔
باہر جعفری صاحب کا بچہ کھیل رہا تھا۔ مجاز اس کو کھلاتے رہے
اتنے میں شہاب جعفری گھر میں سے برآمد ہوئے۔
مجاز نے پوچھا —
" یہ تمہارا بھائی ہے؟"
" نہیں! یہ میرا بچہ ہے!"
تم نے شادی کرلی — مجاز نے پوچھا۔

" ہاں —"
اور بچہ بھی پیدا کرلیا —"
" ہاں —"
" ہائے افسوس" — مجاز نے ایک آہ سرد کھینچی اور بولے۔
" افسانہ سے پھر انسان نکل گیا —"

ماہر القادری

مجاز لوگوں کا تعارف کراتے وقت کبھی کبھی شرارت سے بھی کام لیتے تھے۔ کراچی میں ماہر القادری سے ملنے گئے تو اپنے ایک دوست سے ان کا تعارف کراتے ہوئے بولے۔

"لو بھئی اِن سے ملو! یہ ہیں قاہر الماردری"

گڑبڑ کمال پاشا

مجاز اور نصیر حیدر بڑے بلا نوش تھے۔ ایک بار نشے کی کی حالت میں نصیر حیدر اپنے ایک عزیز کے یہاں پہونچے جو پابند شرع تھے اور خوب اودھم کیا۔

نشہ ہرن ہونے کے بعد نصیر کو بڑی شرمندگی ہوئی۔ اور مجاز سے کہا۔

" یار یہ معاملہ تو بالکل ہی گڑبڑ ہو گیا۔ واللہ کمال ہو گیا بھئی معاملہ بالکل گڑبڑ ہو گیا۔ کیا کمال ہو گیا۔"

غرض نصیر بار بار گڑبڑ اور کمال کے الفاظ استعمال کر رہے تھے مجاز بولے۔

" اماں گڑبڑ کیا ہو سکتی ہے اور نہ یہ تمہارے لئے کوئی نئی بات ہے تم تو ہو ہی گڑبڑ کمال پاشا۔"

ہزار لکھنوی

ایک بار مجاز نے کہا۔
"ہزار صاحب آپ نے تخلص میں اس قدر بخل سے کیوں کام لیا۔؟"
"کیا مطلب آپ کا؟" ہزار صاحب نے وضاحت چاہی۔
مجاز بولے۔
"ارے جناب لاکھ نہ دو، لاکھ صرف ہزار!"

سردار جی

ایک بار سردار جعفری نے ایسی بات کہی جس پر کافی مذاق رہا۔ اور سردار راجیندر سنگھ بیدی مسکرا کر بولے۔

"سردار ہے نا!"

مجاز نے کہا۔

"جی ہاں! ترقی پسندوں میں بھی آخر ایک سردار جی پیدا ہی ہو گئے۔"

حسن شہیر

جدید شاعری میں ابہام طرازی کے امام حسن شہیر ایک بار حسب معمول مجاز کو اپنا دیوان سنارہے تھے۔
کسی غزل میں اتفاق سے ایک شعر بامعنی بھی نکل آیا۔
مجاز نے بہت داد دی اور بولے۔
"یار تمہاری غزل بہت اونچی ہے مگر اس میں سے یہ ایک شعر نکال ڈالو۔"
"کیوں۔؟"
"اس لئے! کہ یہ تمہارے رنگ سے ہٹ کر ہے۔"

وہی وہانوی

شوکت تھانوی نے " وہی وہانوی " کے نام سے ایک ناول لکھی ۔۔۔

مجاز کو معلوم ہوا تو شوکت صاحب سے بولے ۔
" آئندہ" فلاں فلانوی " نام کیسا رہے گا۔ ؟"

بن غازی

ایک بہت مشہور طوائف مجاز کے کبھی ایک دوست کے پاس چلی جاتی. اور کبھی دوسرے دوست کے پاس ــ

دوسری عالمگیر جنگ میں ایک مقام "بن غازی" اِس وجہ سے بہت شہرت اختیار کرگیا تھا کہ کبھی انگریز اُس پر قبضہ کرلیتے اور کبھی وہ انگریزوں کے قبضے سے نکل جاتا.

ایک بار جب یہ خبر آئی کہ وہ طوائف ان کے دوسرے دوست کے قبضے سے نکل کر پھر تیسرے دوست کے پاس پہونچ گئی تو مجاز بولے.

"یہ طوائف کیا "بن غازی" ہوگئی ہے؟"

ابوالہول

ایک بار مجاز "ماحول" کے دفتر میں اس کے مدیر ظفر ادیب سے ملنے گئے۔

ظفر ادیب شام کے گہرے دھندلکے میں اپنے مختصر سے دفتر کے ایک کونے میں بیٹھے کچھ لکھ رہے تھے۔

مجاز ان کو اس صورت سے دیکھ کر بولے۔

"ایسے ماحول کی پرہول فضاؤں میں "ابوالہول" بنا بیٹھا ہے"!

لاہور

مجاز لاہور گئے۔

فیض، ندیم اور دوسرے ادیبوں نے شہر اور اطراف شہر کی انھیں سیر کرائی۔ باالآخر مجاز کو وداع کرنے کا وقت آیا۔

فیض نے پوچھا۔

"مجاز صاحب آپکو لاہور پسند آیا؟"

"ہاں بھئی شہر تو اچھا ہے لیکن یہاں پنجابی بہت ہیں۔" مجاز نے مخصوص سادگی سے جواب دیا۔

کوریا

جس زمانے میں کوریا میں جنگ ہو رہی تھی۔ ہندوستان کے ادیبوں نے کوریا پر افسانے اور نظمیں لکھنا شروع کر دیں۔

اور اِس ہنگامی موضوع پر خوب خوب قلم چلے۔

ایک صاحب نے مجازؔ سے کہا۔

"جناب کوریا پر کچھ لکھیے"

"کوریا پر؟" مجازؔ نے حیرت سے پوچھا۔

"جی ہاں!"

"کاش کہ ایسا ہو سکتا!" مجازؔ نے منھ لٹکا کر کہا۔

"کیوں؟"

مجازؔ نے ایک ٹھنڈی سانس لی اور بولے۔

"ہائے افسوس، آج ہی گھر میں کوریا نہ ہوا!"

پیسہ اور پرچھائیں

ڈاکٹر محمد حسن کے ریڈیائی ڈراموں کا مجموعہ "پیسہ اور پرچھائیں" دیکھکر مجاز بولے۔

"چھپائی تو خوب ہے! مگر کاغذ ایسا ہے کہ ایک طرف کی روشنائی دوسری طرف پھوٹ آئی ہے ایک طرف سے پیسہ معلوم ہوتا ہے ——— اور دوسری طرف سے پرچھائیں۔"

کام کی بات

ایک زمانے میں ہر خاص و عام میں ایک سید صاحب اور ایک محترمہ کے تعلقات خصوصی کا بڑا چرچا تھا۔

ایک صاحب ان محترمہ کی ایک قلمی تصویر لے کر مجاز کے پاس آئے اور بولے۔

”بھئی میں اس تصویر کو فریم کر کے اپنے پاس رکھنا چاہتا ہوں۔ تم اس پر کوئی چبھتا ہوا شعر لکھ دو۔“

مجاز نے فوراً اکبرؔ کے اس مصرع کو یوں لکھ دیا۔

؎ ہماری باتیں ہی باتیں ہیں سید کام کرتا ہے۔

جھٹکہ

بقرعید کے موقع پر لکھنؤ ریڈیو سے ایک مشاعرہ نشر کیا جانے والا تھا۔ جس میں شرط یہ رکھی گئی تھی۔ کہ شعرا اپنا تازہ کلام پیش کریں۔

سرور صاحب نے مشاعرے کے دن مجاز سے پوچھا:

"کیوں بھئی آج تو تمہاری قربانی ہے۔"

مجاز اپنے مخصوص انداز میں بال سنوارتے ہوئے بولے۔

"قربانی نہیں جھٹکہ کہیے جھٹکہ —!"

ڈرائی

حیدرآباد میں فراق نے مجاز سے کہا۔
"مجاز تم بمبئی چلے جاؤ۔ تمہارے گیت فلم والے بڑی قیمت دے کر خریدیں گے"
مجاز نے کہا۔
"مگر بمبئی میں روپے میرے کس کام آئیں گے" فراق نے پوچھا۔
"کیوں؟"
مجاز۔
"بمبئی تو ڈرائی ہے!"

دفترِ بے معنی

لکھنؤ کا ایک اچھا ہوٹل جہاں مجازؔ کبھی کبھی شراب نوشی کے لئے پہونچ جایا کرتے۔ تھے بند ہو گیا۔

کچھ دنوں بعد معلوم ہوا کہ اس کی عمارت میں کوئی سرکاری دفتر کھولا جا رہا ہے۔ یہ سنکر مجازؔ سے نہ رہا گیا کہنے لگے

"سنتے ہیں پہلے زمانے میں دفترِ بے معنی کو غرق مئے ناب کر دیا جاتا تھا۔ اور اب بے معنی دفتروں میں مئے ناب غرق ہو جاتی ہے۔

کالونی

۱۹۴۹ء کا ذکر ہے۔
جب حکومت ترقی پسند ادیبوں کو یکے بعد دیگرے سرکاری مہمان بنا رہی تھی۔
علی جواد زیدی نے مجاز سے فرمایا۔
"ہماری حکومت ادیبوں سے بڑا تعاون کر رہی ہے۔ ان کے لئے ایک اچھی سی کالونی بنانے کی تجویز ہے۔"
"سنٹرل جیل میں یا ڈسٹرکٹ جیل میں؟"
مجاز نے جملہ سر کیا۔

ایڈیٹوریل

روزنامہ قومی آواز میں ایک بار حیات اللہ انصاری صاحب نے کفایت شعاری کی مہم کا آغاز کرتے ہوئے سگریٹ نوشی کے خلاف لگاتار کئی ایڈیٹوریل لکھے۔

کافی ہاؤس میں ان اداریوں پر بات ہو رہی تھی مجاز بولے ”حیات اللہ صاحب نے سگریٹ نوشی کے خلاف جو زبردست دلائل پیش کئے ہیں اُن کا مجھ پر اتنا اثر ہوا ہے کہ اب میں نے تہیہ کر لیا ہے کہ سگریٹ نوشی چھوڑ کر پھر شراب پینا شروع کر دوں گا۔!“

نیشنل لیڈر

تقسیم سے قبل کی بات ہے۔
کافی ہاؤس میں احباب جمع تھے بات ہوتے ہوتے
نیشنل لیڈر تک جا پہونچی اور سوال اٹھا کہ ۔
"آخر ہم کس کو نیشنل لیڈر کہہ سکتے ہیں؟"

کسی نے مذاق ہی میں پوچھا
"کیا علامہ مشرقی نیشنل لیڈر ہو سکتے ہیں؟"
مجاز بولے ۔
"ہاں، کیوں نہیں! بشرطیکہ نیشنل چھوٹی ہو جائے۔"

قدِ آدم

ایک محفل میں ایک چھوٹے قد کے شاعر اپنی عظمت کا سکہ دوسروں پر بٹھانا چاہتے تھے چنانچہ باتوں ہی باتوں میں کہنے لگے۔

"جناب میں صرف شاعر ہی نہیں بلکہ شاعرِ آعظم ہوں۔"

مجازؔ بہت دیر سے ان کی لفاظی سن رہے تھے۔ یہ جملہ سن کر خاموش نہ رہ سکے۔ اور مسکرا کر بولے۔

"اجی حضرت! شاعرِ آعظم تو آپ بعد میں بنئے گا پہلے قدِ آدم تو بن جایئے۔"

عرشِ معلّٰی

دلی کی ایک شام ——

فراق اور مجاز کھڑے تھے سامنے بسمل شاہجہاں پوری اور عرش ملسیانی آتے نظر آئے۔

فراق نے کہا۔

"وہ دیکھو عرش آ رہے ہیں۔"

مجاز ——

"اور معلّٰی بھی ——"

کٹ پیس

نئے شعراء نے ایک زمانے میں "امن" کے موضوع پر نظمیں کہنا اپنا فرض سمجھ رکھا تھا خواہ اس کے بارے میں ان کے تاثرات کتنے ہی سطحی اور مصنوعی کیوں نہ ہوں۔

ایک ترقی پسند شاعر نے کئی بار مجاز کو بھی مجبور کیا کہ وہ بھی امن پر کوئی نظم لکھیں۔ پہلے تو مجاز ہاں ہوں میں بات ٹالتے رہے مگر ایک دن وہ صاحب ان کے بالکل ہی پیچھے پڑ گئے —

"دیکھو مجاز تمہیں پیس پر نظم لکھنا ہے۔"

"ہاں لکھوں گا — مجاز نے ہاں کر دی۔ اتنے میں ایک صاحب اور آ گئے اور مجاز کی خیریت پوچھی۔ مجاز سہمے ہوئے انداز میں بولے۔"

"بھائی خدا کیلئے میری جان چھڑاؤ یہ مجھے بہت دیر سے کٹ پیس کھلا رہا ہے۔"

چالو رہی

مزدوروں کے ایک جلسے میں مجاز کو بھی کچھ پڑھنا تھا قبل اس کے کہ وہ ڈائس پر جائیں کسی نے اُن کے کان میں چپکے سے فرمائش کی کہ فلاں نظم پڑھئے گا۔

مجاز نے وہی نظم پڑھی ـــ مگر اُس کا ایک مصرع اس طرح پڑھا۔

ع رہبری چالو رہی پیغمبری چالو رہی

بعد میں لوگوں نے پوچھا یہ ـــ چالو رہی کیا چیز ہوتی ہے انہوں نے کہا ـــ

"بھئی مجھ سے اس طرح کا مصرع دیگر سنانے کی فرمائش کی گئی تھی ـــ"

عموماً خصوصاً

مجازؔ صاحب بمبئی گئے تو سردار جعفری سے ملنے ان کے گھر گئے۔ سردار جعفری اتفاق سے گھر پر موجود نہ تھے ان کا بمبئیا نوکر گھر سے نکلا۔ اور بتایا کہ صاحب گھر پر نہیں ہیں۔

مجازؔ نے یہ جاننے کے لئے کہ واپسی کب تک ہو گی نوکر سے پوچھا

”عموماً صاحب کتنے بجے آتے ہیں؟“

نوکر سمجھا ”عموماً“ کسی صاحب کا نام ہے۔ اور بولا۔

”عموماً صاحب یہاں نہیں آتا۔“

مجازؔ نے اطمینان سے گردن ہلائی اور بولے۔

”اچھا تو پھر ”خصوصاً“ صاحب بھی یہاں نہیں آتے ہوں گے۔“

چوکیدار

دہلی میں قیام کے دوران غالباً سامان کی حفاظت کیلئے مجاز صاحب نے ایک چوکیدار رکھا تھا جو ہر وقت سوتا رہتا تھا۔
ایک دن اُس کو سوتا دیکھکر فراق صاحب نے مجاز صاحب کو سمجھاتے ہوئے کہا کہ ــــ
"مجاز اِس چوکیدار کو تاکید کردو کہ رات کو کبھی کبھی کھانس دیا کرے۔"
مجاز صاحب بولے ــــ
" مگر فراق صاحب! پانچ روپے میں تو اس سے کھانسا بھی نہیں جائے گا۔!"

فری وہیل

۴۷ء میں جب پہلی بار آزادی کا جھنڈا لہرایا گیا تو
اس پر اشوک چکر بنا دیکھ کر کسی نے مجاز سے پوچھا۔
"حضرت یہ جھنڈے پر پہیا کیسا بنا ہے۔"
مجاز نے برجستہ جواب دیا۔
"بھئی یہ فری انڈیا کا "فری وہیل" ہے۔"

سینۂ انقلاب

سلام مچھلی شہری نے پوچھا۔
مجاز تم نے جوش صاحب کا۔
"پندنامہ برائے اصلاح بیان مجاز" والی نظم
پڑھی ہے"
مجاز چونک کر بولے۔
"اور میں اس کا جواب لکھ چکا ہوں
"سینۂ انقلاب چھلنی ہے۔ شاعر انقلاب کیا جانے۔"

بِکاؤ مال

سوزؔ شاہجہاں پوری سے مجازؔ کی بڑی نوک جھونک رہا کرتی تھی ـــــ

ایک دن سوزؔ ایک کھلونوں کی دوکان پر چھوٹے بڑے ببوؤں کے درمیان، شیروانی کے سب بٹن لگائے، تھوڑی پر چھڑی ٹکائے خود بھی ببوا بنے ساکت بیٹھے ہوئے تھے۔ اتفاقاً مجازؔ ادھر سے گزرے، سوزؔ کو یوں بیٹھے دیکھ کر ان کی طبیعت گدگدائی، ان کے قریب گئے اور کان میں چپکے سے پوچھا۔

"کیوں بھئی! کیا بکاؤ ہو؟"

آم و عوام

آموں کی ایک دعوت میں آم چوستے ہوئے جعفری نے مجاز سے کہا۔

"کیسے میٹھے آم ہیں مجاز، روس میں اور تو ہر چیز مل جاتی ہوگی مگر ایسے میٹھے آم وہاں کہاں ہیں"

"روس میں آم کی کیا ضرورت ہے"

مجاز نے بلا تامل جواب دیا۔

"وہاں عوام جو موجود ہیں"

پوسٹ کارڈ

سلام مچھلی شہری کو ایک زمانے میں اپنے قریبی دوستوں کو منظوم خط لکھنے کا بڑا شوق تھا۔

کافی ہاؤس میں ان کی عادت کا تذکرہ ہو رہا تھا۔ وہاں ہندی کے ایک ادیب بھونیشور صاحب بھی موجود تھے۔ جن کا قد نہایت پستہ ہے انہوں نے از راہِ مذاق سلام سے پوچھا۔

"کیوں صاحب آپ میرے نام طویل منظوم خط کب لکھیں گے۔"

سلام ابھی کچھ سوچ بھی نا پائے تھے کہ مجاز نے جملہ سر کیا۔

" تمہیں اتنا لمبا خط لکھنے کی کیا ضرورت ہے۔ تمہارے لئے تو ایک پوسٹ کارڈ کافی ہوگا۔"

ڈکشن اور ڈکشنری

ایک بار کا ذکر ہے کہ مجاز عالم مدہوشی میں ایک صاحب ذوق خاتون سے الجھ پڑے۔ بات مجاز کے فن تک پہونچ گئی مجاز کسی قدر جھنجلا کر بولے۔

" محترمہ آپکو معلوم ہے کہ میں ڈکشن کا ماسٹر ہوں "

لڑکی نے ازراہِ مذاق مجاز کو چھیڑتے ہوئے پوچھا۔

"تو پھر جوش ملیح آبادی کا ہے کے ماسٹر ہیں۔؟"

" وہ "

مجاز نے بھوئیں سیکڑ کر کہا

" وہ تو ڈکشنری کے ماسٹر ہیں "

شاہین بچہ

ایک شام میخانے میں مجاز نے میز پر مے لانے والے بھوٹانی لڑکے سے دریافت کیا۔

"تم پہاڑی ہو——؟

"ہاں شاب——"

بس مجاز اس کے پیچھے پڑ گئے اور ایک تقریر شروع کر دی۔

"تم فرزند کہسار ہو۔ تم نے پہاڑوں کے سینوں پہ اپنے نشیمن بنائے ہیں۔ تم ہی اقبال کے شاہین ہو۔ ہر پہاڑی اقبال کا شاہین ہے، تو شاہین ہے بسیرا کر پہاڑوں کی چٹانوں پر تم کو بیدار ہونا چاہیئے۔ تم اقبال کا پیام بھول گئے۔

اپنی خودی پہچان او غافل افغان

تم بھی افغانی ہو۔ ہر پہاڑی افغان ہوتا ہے۔ خواہ افغانستان کا ہو یا بھوٹان کا——"

کیوں ؟

ساغر ـــــ "مجاز میری سمجھ میں نہیں آتا کہ تم نے شعر کہنا کیوں چھوڑ دیا ہے ــ؟"

مجاز ـــــ

"اور میری سمجھ میں یہ نہیں آتا کہ تم برابر شعر کیوں کہے جا رہے ہو ؟"

اُردو سے اُردو

ایک دفعہ مجاز کے بے تکلف دوست سلام مچھلی شہری نے مجاز سے شکایتاً کہا۔

"دوست میں برسوں سے شاعری کر رہا ہوں اور اچھے اچھے شاعروں سے اچھا کہہ رہا ہوں اردو شاعری میں بے شمار تجربے کر چکا ہوں میرے متعدد منظوم شاہکار اردو کے شعراء ادب میں مستقل تاریخی اضافے کی حیثیت رکھتے ہیں۔ لیکن اس کے باوجود اردو شاعری کا جائزہ لیتے وقت نقاد مجھے فراموش کر دیتے ہیں۔"

مجاز نے دلاسہ دیتے ہوئے کہا۔

"ڈیر سلام! اس کا غم نہ کرو۔ وہ وقت دور نہیں کہ جب تمہاری ایک ایک نظم دنیا کی ہر زبان میں ترجمہ کی جائے گی۔"

سلام نے پوچھا۔

"اور پھر؟"

مجاز نے مسکراتے ہوئے کہا۔

"اور پھر میں ان زبانوں سے تمہاری دلکش نظموں کا اردو میں ترجمہ کروں گا اسکے بعد اردو نقاد تمہارے بھی مرتبے اور عظمت کا اعتراف کریں گے۔"

بلڈ بینک

کافی ہاؤس کے بے فکروں میں نسلی برتری کی دوڑ ہو رہی تھی کوئی صاحب اپنے آپ کو سید ثابت کر رہے تھے تو کوئی برہمن ایک اینگلو انڈین صاحب سے جب کچھ نہ بن پڑا تو مجاز کو مخاطب کرتے ہوئے بولے۔

"مجاز صاحب آپ جانتے ہیں میری رگوں میں آئرش خون ہے۔"

مجاز جو اس بحث سے کافی بور ہو رہے تھے اکتا کر بولے۔

"مگر ماں کی نہیں بلڈ بینک کی طرف سے۔!"

گھر جانے کا سبب

کافی ہاؤس سے اٹھتے ہوئے مجاز نے اپنے ایک دوست سے کہا۔

"میں گھر جا رہا ہوں۔"

ان کے دوست نے پوچھا۔

"کیوں۔۔۔؟"

مجاز نے مزید وضاحت کرتے ہوئے انہیں بتایا کہ۔

"کیوں کہ میں وہاں رہتا ہوں۔"

گھڑی ساز

مجاز ایک مشاعرہ میں نظم سنانے کے لئے کھڑے ہوئے بمبئی کے ایک سیٹھ جوان کے پرستار تھے ان کے ذہن میں مجاز کی نظم "نرس" کا یہ مصرع تھا مگر نظم کا عنوان یاد نہ تھا۔

ع — کبھی سوز تھی وہ کبھی ساز تھی وہ

چنانچہ سیٹھ صاحب نے فرمائش کرتے ہوئے کہا۔

" مجاز صاحب! اپنی وہ نظم سنایئے۔

ع۔ گھڑی سوز تھی وہ گھڑی ساز تھی وہ

مجاز نے مسکرا کر کہا—

" حضرت نظم کا عنوان ہے گھڑی ساز اور "نرس" سنانا شروع کر دی۔

مکرم نیاز کی دو کتابیں

راستے خاموش ہیں
(منتخب افسانے)

فلمی دنیا: قلمی جائزہ
(تبصرے/تجزیے)

بین الاقوامی ایڈیشن درج ذیل معروف بک اسٹورس پر دستیاب ہیں

Barnes & Noble   **Walmart**   **Amazon.com**